經典
少年遊

006

李白
長安有個醉詩仙

Li Po
The Drunken Poet

繪本

故事◎比方
繪圖◎謝祖華

有一次朋友要遠行，
熱情的李白一點也不感傷，
還特地買了美酒，
一路騎馬帶著去為朋友送行。

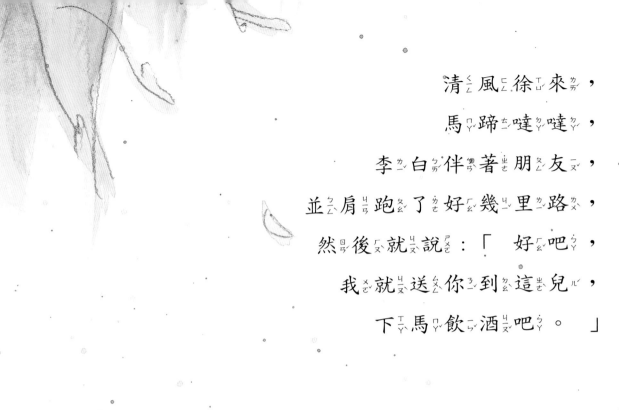

清風徐來，
馬蹄噠噠，
李白伴著朋友，
並肩跑了好幾里路，
然後就說：「好吧，
我就送你到這兒，
下馬飲酒吧。」

偶爾他還會伴著月亮，
拜訪山上的隱士朋友，
而老友看他來了，
也會高興地說：
「來來來，來歇一會，
有酒有酒，來喝酒，
別客氣，儘管喝，
痛快喝。」

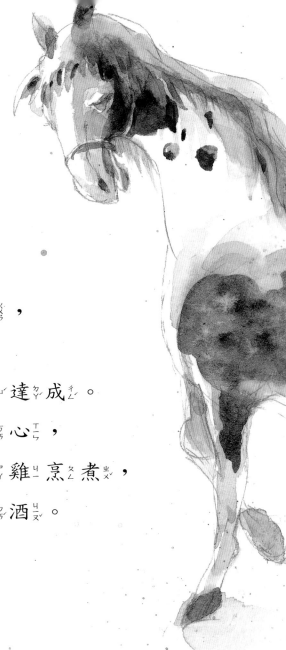

有一天，
皇帝要他到京城當官，
李白更高興了，
因為多年的心願終於達成。
連小孩也感染這份開心，
李白於是喚來僕人殺雞烹煮，
更要嘗嘗剛釀好的白酒。

李白來到長安後，
名聲傳天下。
但是，他卻是寂寞的。
沒有人陪伴，
常常一個人，
自己倒酒自己喝。
醉了，
就向天舉杯，
邀請天上的明月來作陪，
或者再舉杯向地，
邀請自己的影子也來相伴。

他還因為深得皇帝的歡心，
加上不拘小節的個性，
遭到小人排擠、陷害，
讓他在京城歲月中
愈來愈不耐，
愈來愈嚮往自由。

好不容易離開京城，

李白沉醉酒鄉，

替自己和國家感傷。

心情，就像渡黃河，

卻遇上冰塞，渡不得；

又像要過太行山，

卻遇上大雪封山，

過不得。

人生啊，

要往前行卻行不得，

有說不盡的險阻。

16

不過， 李白還是很樂觀，
反而安慰朋友說：
「你沒看見嗎？
奔流到海的黃河水不會倒流回來，
天地的力量是我們沒有辦法改變的。
所以啊， 人生在世， 就放開胸懷吧。
自由自在， 盡情享受快樂，
想喝酒， 就喝酒， 倒滿酒杯吧。
擔心什麼？
老天生我， 給我本事，
一定會讓我好好發揮，
不會白過一場。 」

李白萬萬沒想到，
因為叛軍作亂， 天子退位，
也波及了遠方的他，
跟著逃亡、 被捕、 流放。
即使最後終於獲得赦免，
也很快地因病過世。
但是另外有一個美麗的傳說，
說李白是因為喝醉，
貪圖水面上美麗的月亮倒影，
伸手想把它撈起來，
不小心跌入水裡死的……

李白

長安有個醉詩仙

讀本

原著◎李白
原典改寫◎唐香燕

李白隨性不羈，一生都在追求「做自己」這回事，像他這樣的才子，又是如何和周遭的人相處呢？

李白（701～762年），是唐朝的大詩人，他出生於西域，在四川長大，為了一展抱負而到了長安。他的作品風格浪漫奔放，他既是詩仙，也是酒仙，不但唱出盛唐自由浪漫的風氣，也唱出自己的瀟灑飄逸。圖為南宋畫家梁楷所畫的李白，畫作叫〈行吟圖〉，日本東京國立博物館藏。

李白

相關的人物

杜甫

杜甫是唐朝詩人，被稱為「詩聖」。他與李白是好朋友，曾一起共遊河南和山東，被合稱為「李杜」。杜甫是位悲天憫人的詩人，他用一生的時間，記錄了戰亂之下的百姓生活，詩句中充滿憂國憂民的情懷，而他的詩作因此被稱作「詩史」。

唐玄宗

唐玄宗，又被稱為唐明皇，在位期間是唐朝由盛到衰的關鍵。他非常欣賞李白的才華，喜歡讀他寫的詩。有一次把李白召進宮內，發現李白還喝得醉醺醺的，唐玄宗甚至還親自餵他喝熱湯。

賀知章

賀知章也是唐朝知名的詩人，當他第一次讀到李白的作品，就讚美李白是「謫仙人」，才華洋溢。賀知章因為賞識李白，便將他推薦給唐玄宗，讓李白替玄宗翻譯突厥文。圖為安徽臨泉年畫〈李白解表〉。

TOP PHOTO

楊貴妃

楊貴妃是中國古代四大美人之一，更是唐玄宗的寵妃，她的哥哥楊國忠因此得勢。然而李白卻不怎麼喜歡她，還因為寫了〈清平調〉而得罪楊貴妃，最後還被趕出皇宮。「安史之亂」後，唐玄宗在禁軍的逼迫下，不得已賜死楊貴妃，她得年僅僅三十八歲。

高力士

高力士本名馮元一，是唐朝的大宦官，因為曾幫朝廷平定許多動亂，而深得玄宗信賴。李白偏偏和這樣一位大官槓上，在一次賞花的場合借酒裝瘋，要高力士替他脫靴捧硯，高力士知道李白受玄宗賞識，只好默默吞忍，懷恨在心。

郭子儀

郭子儀是中唐名將，曾經平定「安史之亂」與諸多亂事。他年輕時在河東當兵，犯了刑罰，按軍律要被斬首。當他被押赴刑場時，李白以自己的官職擔保，替他說情，救了郭子儀一命，從此兩人成為莫逆之交。後來，李白參加永王李璘幕府，受到牽連而入獄，郭子儀便向朝廷求情，以報答當年的救命之恩。

趙蕤

李白青少年時期，曾拜趙蕤為師，學習縱橫術長達一年多，這段時期的學習對李白產生了深遠的影響。趙蕤是唐代著名的縱橫家，他長期隱居，從不追求功名利祿，他撰寫的《長短經》，探究了治國安邦的大道理。據說正是這本書問世之後，李白便慕名前來拜訪。

李白是位豪放的詩人，在他的一生當中，有哪些重要時刻？

701 年

李白出身於富商之家，他的父親生意做得很大，傳說他的母親是西域碎葉城的突厥美女，所以，李白從小便通曉突厥語文，眼界也高遠，不限於一地一國。

出生

相關的時間

約 712 ～ 755 年

這是中國盛唐時期的「開元之治」，是唐玄宗統治前期所出現的盛世。唐玄宗治國初期，勵精圖治、任用賢能、發展經濟，外國使節來到首都長安通商，進行文化交流，文化事業邁向頂峰，使得天下太平。

開元之治

少年時期

約 705 ～ 718 年

李白五歲就開始讀書認字，十歲不到，早已讀通諸子史籍，熱愛作賦、劍術、奇書、神仙。他天資聰穎卻很貪玩，沒耐心好好念書，有天在溪邊，看到有個老婦人拿著鐵杵，在石頭上來回磨，想磨成繡花針，他問老婦人為何不直接去買針？老婦人卻回答：「只要肯努力，有什麼做不到呢？」這句話激勵了李白，他從此發憤讀書，成為唐朝最著名的詩人。

結婚

725 ～ 727 年

李白辭別親人，一個人遠遊，乘船經過三峽出四川。這段時間內，李白結識了詩人孟浩然，還和唐朝過去的宰相許圉師的孫女結婚。

744 ～ 745 年

李白與杜甫結識，兩人一見如故，有如親兄弟般，就在李白四十四歲、杜甫三十三歲這年，兩人同遊東魯，欣賞各地美景，一塊兒吟詩作對。

認識杜甫

到長安

742 年

李白受唐玄宗的傳喚，來到長安宮廷內擔任翰林，負責書寫的工作。剛到長安時，名詩人賀知章見到他寫的〈蜀道難〉，驚呼他為「謫仙人」，認為他寫的詩好到可讓鬼神都哭泣。圖為唐玄宗召李白入宮作〈清平調〉，由清代畫家蘇六朋所繪，廣州美術館藏。

TOP PHOTO

745 年

楊氏家族

這一年，唐玄宗冊封楊玉環為貴妃，她的堂兄楊國忠因此掌控朝政。楊氏家族囂張跋扈，加上唐玄宗沉溺於酒色，使得政治敗壞，民怨四起。

755 ～ 763 年

安史之亂

「安史之亂」爆發隔年，永王李璘以抗敵平亂為號召，邀請李白參加幕府，李白出於一片愛國之心，便接受他的邀請。不料，李璘竟懷著和哥哥唐肅宗爭奪帝位的野心，不久後便被消滅，李白也因而獲罪入獄，接著又被流放到夜郎。

去世

762 年

步入晚年的李白，在安徽省的當塗縣養病，在這一年冬天病逝。關於他逝世的原因，有很多種說法，一說是飲酒過度而醉死，另有一說是他在舟中賞月，因下水撈月而溺死。

李白是個浪漫的詩人，他愛喝酒、愛交友、愛旅行，關於他的事物可說是包羅萬象！

李白過世之後，他的親戚李陽冰蒐集了他的作品，編了一本《草堂集》，可惜早已失傳。現在我們所看到的《李太白集》，是由宋代學者研究的結果，其中收錄了李白的詩歌高達一千多首。

李太白集

相關的事物

李白是盛唐時期的代表詩人，他的詩天馬行空、浪漫奔放，有如行雲流水一般，把詩歌的浪漫氣息推向最高峰，而李白所創作的詩數量之廣、質量之精，因而被後世尊稱「詩仙」。

詩仙

酒

唐朝的喝酒風氣很興盛，當時西域傳來葡萄酒的釀製技術，大大提升了酒的口感。李白是出名的「飲君子」，不論獨酌或與朋友相聚、餞行，都要來上一杯助興，而他許多傑出的詩作也都與酒有關。圖為清代畫家吳友如繪的〈青蓮醉酒〉圖。

TOP PHOTO

劍 李白不僅是大詩人,還是技藝精湛的劍術家,他的啟蒙老師就是父親李客。李白二十幾歲告別親友獨自壯遊時,身上帶的正是父親給他的龍泉劍。在李白的詩中,也常有借劍抒情,以劍寓志的詩句,處處蘊含著李白想要一展抱負的精神。

唐朝人認為豐腴的女生最美麗,楊貴妃可以說是唐朝美女的代表。楊貴妃本名為楊玉環,是唐玄宗最愛的妃子,喜歡穿著當時流行的「低胸裝」,搭配垂到地面的長裙。下圖為唐代絹畫〈弈棋仕女圖〉,反映了貴族婦女的家庭生活,還有她們豐腴的體態。新疆維吾爾自治區博物館藏。

胖胖就是美

胡餅 在李白那個時代,吃胡餅成了一種最時髦的享受。「胡食」是漢魏以來,由西域傳入中國的,到了唐代,由於中國和西域交流頻繁,胡餅便達最流行的興盛期。據說安史之亂的時候,玄宗餓得沒有東西吃,只好用胡餅充饑,想必大詩人李白也常醉倒在酒樓,一手持酒杯、一手持著胡餅吧!

TOP PHOTO

29

李白一生遊歷過許多地方，讓我們追隨他的步伐，踏尋詩仙的足跡吧！

現今吉爾吉斯的托克馬克市（下圖），是李白出生的地方，唐朝時叫做「碎葉城」。它位在中國的西北方，雖然距離當時的首都長安非常遙遠，卻是個重要之地。中西方商人買賣東西必經於此，唐三藏取經時也曾經過這裡。

碎葉城

相關的地方

TOP PHOTO

青蓮鄉

李白小時候搬到四川省的青蓮，現今這裡保存了許多與李白相關的文物，像是「太白祠」、根據「鐵杵磨成繡花針」故事而修建的「磨針溪」，還有依照李白作品而刻的「太白碑林」。

黃鶴樓

黃鶴樓是中國江南三大名樓之一，同時也是李白在〈黃鶴樓送孟浩然之廣陵〉詩裡提到的地方，傳說中有仙人乘著鶴經過附近，於是蓋了這棟樓，後來許多文人都寫了歌詠它的作品。

TOP PHOTO

西安古城

唐朝的首都長安（今西安），在當時是吸引很多外國人的熱鬧大都市。受到唐玄宗的召見，李白也來到長安，進入宮廷，並且為楊貴妃寫了有名的〈清平調〉。現在的西安，還保存著當時的長安城、清真寺，和唐代的皇宮花園。

白帝城

李白曾被皇帝下令流放到邊疆，在往貴州的路上，又突然得到了大赦的好消息，開心寫下「兩岸猿聲啼不盡，輕舟已過萬重山」，表現出輕鬆愉快的心情。這裡的「輕舟」就是從白帝城出發的，這裡不僅可以看到壯觀的三峽風景，也可以欣賞許多唐代的文物、書法和繪畫。

TOP PHOTO

馬鞍山

馬鞍山是李白過世的地方，這裡除了有李白的墓園，也有李白紀念館。除了美麗的建築和浮雕圖畫，也保存了許多李白的著作，和一尊兩公尺高的李白木雕像。

原典

金陵酒肆留別

風吹柳花滿店香，

吳姬壓酒[2]喚客嘗。

金陵[4]子弟來相送，

欲行不行各盡觴[5]。

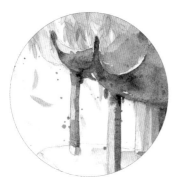

1. 酒肆：賣酒或供人飲酒的地方
2. 吳姬：招呼客人喝酒的金陵美女
3. 壓酒：釀酒時，壓榨取汁
4. 金陵：地名，今南京
5. 觴：酒杯，此指乾完了酒

請君試問東流水，

別意[6]與之誰短長？

6. 別意：離別的情意

換個方式讀讀看

　　李白是個大旅行家，足跡踏遍天下。在李白的時代，交通條件遠不及現在，出門遠行是件大事。要去旅行的人和送行的人什麼時候能夠再相見，也相當渺茫難說，心裡自然會有些不安，有點難捨。

　　要去旅行了，會看見什麼風景什麼人，會碰到什麼狀況什麼問題，都不很清楚，因此興奮，因此嚮往！對於青年李白來說，旅行就像大鵬乘風展翅，他將飛往未知的世界。這首詩是年輕的李白要離開現在叫做南京的繁華大城金陵時，朋友來酒肆相送，他寫給大家的臨別紀念。

　　酒肆裡瀰漫的不是哀切切的氣氛，而是隨著春風送進來的柳絮，和香得不得了的醉人香氣。什麼香氣？是花香、酒香，還有脂粉香啊。

　　誰的脂粉香？是酒店裡花蝴蝶般飛來飛去，忙著招呼客人的嬌美吳姬。金陵是古時候的吳國所在地，吳姬就是金陵當地的美女。這活潑的美女嬌滴滴地喚著李白一夥人：「有剛釀好的新酒啊，要不要嘗嘗新？」

於是她輕盈裊娜地端著噴香的新酒過來。所謂「壓酒」，是新酒製成的意思。吳姬壓酒，並不是說吳姬臨時在現場壓榨酒液，而是說她端著剛壓出來的新酒。

散盡千金也不皺一下眉頭的李白最喜歡結交朋友，這時候他在金陵結交的新朋舊友大概都來為他送行餞別了。喝啊喝啊乾杯啊，乾了這杯再見吧。豪放的李白說著，毫不推辭地乾了又乾。可是，這酒怎麼乾不完，喝不盡？一杯一杯又一杯，走了走了該走了。

李白最後站起來說：「朋友啊，我真捨不得離開你們，大家在一起瘋狂、歡笑、暢談、喝酒的日子，真叫人留戀。可是，我真的要走了。朋友啊，想我的時候，請問問那東流的江水，我的離情，你的別意，比起東流水來，哪個長，哪個短？」

再會了，再會了！

原典

廣陵贈別

玉瓶沽[1]美酒，
數里送君還[2]。
繫馬垂楊[3]下，
銜杯[4]大道間。

1. 沽：買
2. 送君還：指為朋友送行
3. 垂楊：柳樹
4. 銜杯：喝酒

天邊看綠水，

海上見青山。

興[5]罷各分袂[6]，

何須醉別顏。

5. 興：興致
6. 分袂：離別

換個方式讀讀看

　　上一首詩〈金陵酒肆留別〉描述的是朋友為李白餞別送行，那麼李白為朋友送行又會是怎樣的情景？當然，酒是一定不能少的。請看〈廣陵贈別〉。

　　廣陵，就是現在的揚州，位於江南富庶之鄉，在唐朝是東南一帶的第一大城。朋友要離開景物秀美、歌舞昇平的廣陵遠行，他要去的地方會有廣陵那般醉人的旖旎風情嗎？

　　別想這麼多！熱情的李白好像一點也不感傷，他特地買了美酒，珍藏在玉瓶裡，一路騎馬帶著去送朋友行遠路。李白伴著朋友，並肩揮鞭，跑了好幾里路。再跑下去，就要跟朋友一起離開廣陵了！

　　好吧，朋友，送行就送到這兒，下馬飲酒吧。他們把馬繫在大道旁邊的楊柳樹下，下垂的長長柳枝輕輕飄拂，好一片涼爽清蔭。就在這大道旁的柳蔭下，取出玉瓶，倒出美酒，你一杯我一杯的喝將起來。

朋友啊，你要遠走他鄉了，你的眼界將不再限於廣陵，不再限於眼前這點地方。你將往天邊走，你將往海邊行，你將看見天邊的綠水，你將看見海上的青山，那是多麼美麗的風光，真是令人神往！

　　李白邊喝邊說，要長途遠行的朋友也哈哈笑著，暢飲離別酒。或許他是這樣回應：「是啊是啊，羨慕的話，就拋開廣陵，一塊兒走吧。難道你有什麼拋不開的嗎？」

　　說說笑笑間，酒也喝光了，興盡不多留，這就再見了。送行的人和遠行的人拍拍肩膀揮揮手，不露愁顏，各自上馬，分道揚鑣，不再回顧。這首送別詩的最後兩句「興罷各分袂，何須醉別顏」，寫的就是那年輕、痛快、沒有遺憾的心境。

　　〈廣陵贈別〉，是盛世青春的痛快，是沒有眼淚的離別，詩中人物看見的，是一切都有可能的未來。

南陵別兒童入京

白酒新熟山中歸，

黃雞啄黍秋正肥。

呼童烹雞酌[1]白酒，

兒女嬉笑牽人衣。

高歌取醉欲自慰[2]，

起舞落日爭光輝。

1. 酌：倒酒、飲酒
2. 自慰：自我安慰

游說萬乘[3]苦不早，
著鞭跨馬涉[4]遠道。
會稽愚婦輕買臣，
余亦辭[5]家西入秦[6]。
仰天大笑出門去，
我輩豈是蓬蒿[7]人。

3.萬乘：指天子
4.涉：跋涉
5.辭：告別
6.秦：指長安
7.蓬蒿：蓬與蒿皆是野草，此處指困居草野、無法得志的人

換個方式讀讀看

　　唐玄宗天寶初年，四十出頭的李白與家人住在現今山東境內的南陵時，接獲皇帝要他到京城長安的詔令。李白自覺多年的理想就要實現，欣喜若狂，高歌起舞，並寫下這首〈南陵別兒童入京〉。

　　狂喜的時候，怎能沒有酒？這首詩一起筆就寫酒，酒意淋漓的從第一個字揮灑到最後一個字。請看：

　　我在白酒剛釀好的時候，從山裡頭回來，啄食黍米的黃雞長到這秋天正肥美好吃。於是，這邊呼喚童僕快快殺雞烹煮，白酒也快斟來嘗嘗，那頭小兒女嘻哈笑鬧著跑來牽著我的衣服撒嬌。

　　看到全家人都感染了自己高亢興奮的心情，李白痛快明白地宣洩滿腔的爭強好勝。醉酒高歌吧，多少年的心願終於要達成了，真叫人寬慰。放懷起舞吧，未來的歲月中，我要與那落日的光輝痛快爭一爭！雖然說可惜沒能早早到萬乘君王面前陳述我的種種意見，但是時機還不算太

晚，我就要上馬揚鞭，起程跋涉遠道進京城！

　　李白想起從前漢朝會稽的讀書人朱買臣，窮到挑擔賣柴，還一邊讀書高歌不失志，然而妻子輕視他不得志，甚至棄他而去，後來朱買臣得到漢武帝的賞識，被拔擢為官，一下子翻轉了命運。如今李白也要辭別家人，西行入長安，顯顯本事，發揮才能了！長安在春秋戰國的時候是秦國之地，入秦，是入長安的意思。

　　自信又得意的李白誇口了，窮困不得志只是一時的，像我這樣的人，怎麼會永遠困守在這片草野之中？仰天大笑，出門而去，毋須疑惑，光明在望！

　　這首詩，由山村裡頭白酒黃雞、兒女牽衣的家常景象，一路揮灑到大笑出門，奔往長安，信手拈來，毫不扭捏，無比自然，處處可見蘸酒下筆的李白詩風。

原典

下終南山
過斛斯山人宿置酒

暮從碧山下，山月隨人歸。
卻顧[1]所來徑[2]，蒼蒼橫[3]翠微[4]。
相攜[5]及田家，童稚開荊扉[6]。
綠竹入幽徑，青蘿拂[7]行衣。

1. 卻顧：回頭看
2. 徑：小路
3. 橫：橫亙著
4. 翠微：山腰處
5. 相攜：攜手
6. 荊扉：用荊條編成的柴門
7. 拂：輕輕擦過

歡言得所憩[8]，美酒聊[9]共揮[10]。

長歌吟松風，曲盡[11]河星稀[12]。

我醉君復樂，陶然[13]共忘機[14]。

8. 憩：休息
9. 聊：姑且
10. 共揮：一起乾杯飲盡
11. 曲盡：唱完歌曲
12. 河星稀：銀河的星星疏落，指夜深
13. 陶然：快樂
14. 忘機：淡泊名利，不存心機

換個方式讀讀看

　　李白飲酒，可不限於送行別離這種特殊的場合。酒，是他和知心好友歡度光陰時不可缺少的良伴。我們來欣賞李白和好友暢飲美酒到身心都輕快無比的樂陶陶情境。

　　終南山一帶，是唐朝許多風雅人物隱居的地方。李白去拜訪的朋友，複姓斛斯的先生，是住在終南山下的一位隱士。詩題裡的「宿置酒」，表示他在斛斯先生那兒過夜、飲酒。

　　那一天，詩仙李白在山裡面悠遊了許久，天要黑了，悠遊得夠了，人有些累了，他覺得可以下山就下山了。晃晃悠悠下山時，詩人不是一個人下山的，他帶著山裡的月亮一塊兒下山。

　　月亮，你有沒有好好地跟著呢？詩人回頭望望，嗯，不錯，月亮好好地跟著。這回頭一望，也望見了剛剛走下來的那條山路，籠罩在蒼蒼暗碧的山色裡。

　　入夜的山，緩緩地呼吸著，要入睡了？月亮啊，我們也找個地方休息

休息吧。來，田邊的那戶人家，我熟得很，我帶你去。是不是？我就說我認識這家人嘛，看，小童子來為我們打開柴門了。

柴門裡面，好一片清幽景致。綠竹和青蘿竟好像伸手伸腳，活靈活現起來，明明是幽徑小路深入綠竹林，怎麼卻也像是綠竹林東一枝西一枝地走入幽徑小路？而從樹梢飄飄下垂的青蘿，不時輕輕拂著行人的衣服，好像在依依訴說著什麼。

山人老友看我來了，可高興了，他說來來來，來歇一會，有酒有酒來喝酒，別客氣，儘管喝，痛快喝，有人相伴喝酒才痛快啊。

飲過酒的嗓子真溜，李白放聲高歌，吟唱古歌〈松風曲〉，遠遠的，松風吹來，像在相和。唱罷以後，抬頭看天，只見銀河的星星疏疏淡淡的，原來是夜將盡，天將明。

朋友啊，我醉了，你也很快樂吧？讓我們一起忘卻世俗的一切，不爭不求的多麼好！

原典

月下獨酌

花間一壺酒，獨酌[1]無相親。

舉杯邀明月，對影成三人。

月既不解[2]飲，影徒[3]隨我身。

暫伴月將[4]影，行樂須及[5]春。

1. 酌：喝酒
2. 解：了解
3. 徒：只是
4. 將：和、與
5. 及：把握

我歌月徘徊[6]，我舞影零亂。

醒時同交歡，醉後各分散。

永結無情遊，相期[7]邈[8]雲漢[9]。

6. 徘徊：流連
7. 相期：相約
8. 邈：遙遠的樣子
9. 雲漢：天河

換個方式讀讀看

　　四十多歲的李白終於來到大唐帝國的中心──京城長安。李白在長安，天子不時召見，美人楊貴妃也親眼見到了，他那才氣縱橫的詩篇和狂放不羈的作風轟動京城，遠傳天下，個人的名聲可說是達到一生的最高峰。那麼，一向自高自滿的李白滿意了嗎？他入京之前的夢想實現了嗎？詩人的心境卻是孤獨的。我們來看看他在這段時期寫的這首有名的飲酒詩〈月下獨酌〉。

　　一開頭，寫的是瀟灑，也是寂寞。沒有人陪伴，自己在花叢間置放一壺美酒，自己倒酒自己喝，啊，怎麼沒有可以親近的人呢？那就向天舉杯，邀請天上的明月來作陪吧。不夠、不夠，還不夠，那再舉杯向地，邀請自己的影子也來相伴吧。

　　明月、身影和自己，總算三人成伴，有個共飲的局面了。可是，月亮不懂飲酒的滋味，影子也只會跟隨著我的身子，哪裡會懂得飲酒？這可

怎麼好？

　　不要緊，暫時就這麼與月亮和影子作伴吧，因為行樂要及時、要趁早，不能放過春日好花開！

　　看啊，月亮跟影子真是貼心好伴侶，酒喝半醉後，我放懷高歌，月亮就在天上自在徘徊，安靜聆聽，我搖擺起舞，影子就緊隨我的舞步，狂亂舞動。

　　在這美好的春夜，天上明月和地下影子就是與我親密相依的同伴。當我醉意漸深，但還醒著的時候，他們伴我狂歡同樂；到我醺醺然醉了，倒臥花叢睡了，他們便悄悄分散，不吵不鬧不黏人。

　　再也找不到這麼安然、這麼可愛的朋友了，所以，月亮啊，影子啊，我要同你們永遠結為不黏滯、不世俗的好朋友，對著高遠的天河，我們就這麼約定了，期待著下一回，可不要失約喲！

原典

行路難

金樽[1]清酒斗十千，

玉盤珍羞[2]值萬錢。

停杯投箸[3]不能食，

拔劍四顧[4]心茫然。

欲渡黃河冰塞川，

將登太行雪滿山。

1. 金樽：金杯
2. 珍羞：珍貴的美食
3. 箸：筷子
4. 顧：望，看

52

閑[ㄒㄧㄢ]⁵來垂釣[ㄉㄧㄠ]碧[ㄅㄧ]溪[ㄒㄧ]⁶上[ㄕㄤ]，
忽[ㄏㄨ]復[ㄈㄨ]乘[ㄔㄥ]舟[ㄓㄡ]夢[ㄇㄥ]日[ㄖ]邊[ㄅㄧㄢ]⁷。
行[ㄒㄧㄥ]路[ㄌㄨ]難[ㄋㄢ]，行[ㄒㄧㄥ]路[ㄌㄨ]難[ㄋㄢ]，
多[ㄉㄨㄛ]歧[ㄑㄧ]路[ㄌㄨ]⁸，今[ㄐㄧㄣ]安[ㄢ]在[ㄗㄞ]？
長[ㄔㄤ]風[ㄈㄥ]破[ㄆㄛ]浪[ㄌㄤ]會[ㄏㄨㄟ]有[ㄧㄡ]時[ㄕ]，
直[ㄓ]掛[ㄍㄨㄚ]雲[ㄩㄣ]帆[ㄈㄢ]濟[ㄐㄧ]⁹滄[ㄘㄤ]海[ㄏㄞ]¹⁰。

5. 閑：空閒無事
6. 垂釣碧溪：引用姜太公釣魚的故事，比喻有用世之心
7. 日邊：日象徵天子，指希望能在皇帝身旁
8. 歧路：比喻茫茫的前途
9. 濟：渡
10. 滄海：大海

換個方式讀讀看

　　天寶三年，李白離開長安。長安，讓他失望了。長安，可還有重來再見的一天？詩人用詩，表達他滿腔曲折、複雜、奔放的情思。

　　這是一席盛宴，華麗的金酒杯盛著芳香的清酒，這樣一斗就要萬錢，精美白玉盤裡珍奇的美食也價格昂貴！朋友啊，感謝你這設宴送我的盛情，讓我想起了過去我們大口喝酒，大塊吃肉的豪情歡會。可是現在，我卻沒有了那份興致。放下酒杯，扔下筷子，拔出寶劍，望向四方，我心茫然，且讓我歌！

　　此時此刻，我就像是要渡黃河，卻遇上冰塞黃河渡不得；又像要過太行山，卻遇上大雪封山過不得。此時此刻的我，要往前行卻行不得，要過這關口卻闖不過去。人生啊，艱難險阻說不盡。

　　但是，歷史上也有這樣的人，這樣的事。古時，八十多歲的姜太公閒來無事，在渭水邊上釣魚，他用的魚鉤是不彎的直鉤，也不用釣餌，他用的釣線很短，垂下去離水面還有三尺遠。這位自得其樂的釣魚老翁卻

遇見了求才若渴的周文王，而出山幫助文王推翻商紂，平定天下。

　　還有那更早以前，傳說出身奴隸的伊尹，在受到商湯的賞識之前，曾經做過奇怪的夢，夢見自己乘船到了太陽邊上，後來他協助商湯推翻夏桀，建立了商王朝。

　　是啊，真的曾經有過這樣的事，這樣的人。不得意，不得志，卻終於走過一關又一關，開啟新的人生，創建新的歷史。那麼，我又何必滿懷憂慮，失了志氣？

　　然而，卻又不由得不想，難啊，真難，前面的路多麼難走，多麼難走。稍不小心，便會走上歧途，無法回頭，也不曉得自己置身何處。

　　不過，我還是相信，即使是行路難，即使是多歧路，終有一天，我會越過險阻，奪路前行，我會乘風破浪，揚帆出海。朋友啊，到那時，請看我的船帆在雲中招展，請看我的寶劍伸向前方！

原典

將進酒

君不見黃河之水天上來，
奔流到海不復回？
君不見高堂¹明鏡悲白髮，
朝如青絲²暮成雪？
人生得意須盡歡，
莫使金樽³空對月。
天生我材必有用，
千金散盡還復來。

1. 高堂：高大的廳堂
2. 青絲：烏黑的髮絲
3. 金樽：金杯

烹羊宰牛且為樂[4]，會須[5]一飲三百杯。

岑夫子，丹丘生，將進酒，杯莫停。

與君歌一曲，請君為我傾耳聽。

鐘鼓[6]饌玉[7]不足貴，但願長醉不復醒。

古來聖賢皆寂寞，惟有飲者留其名。

陳王昔時宴平樂，斗酒十千恣[8]歡謔[9]。

主人何為言少錢？徑[10]須沽[11]取對君酌。

五花馬，千金裘，呼兒將出換美酒，

與爾同銷[12]萬古愁。

4. 且：姑且
5. 會須：應該
6. 鐘鼓：音樂
7. 饌玉：美食
8. 恣：任意
9. 歡謔：歡笑
10. 徑：直接
11. 沽：買
12. 銷：消解

換個方式讀讀看

　　天寶年間，李白離開長安後，漫遊各地，到今天的河南一帶時，與友人岑勛同去拜訪另一位老朋友元丹丘。作客宴飲時，滿腹感慨的李白，詩興來了，就用古代詩歌〈將進酒〉的題目，吟詠高歌，寫下這首奔放至極的千古名詩。將，是請的意思。將進酒，是邀酒的酒歌。

　　酒歌一開始，詩人就向對座的朋友拋出兩個問題：朋友，你沒看見嗎？你沒看見嗎？奔流到海的黃河水不會倒流回來，天地間的大力量是我們沒有辦法插手改變的。人世間的青春年華也很快就會過去，照照明鏡，彷彿早上還是一頭青絲黑髮，晚上就已白髮似雪了，我們只能悲哀，卻無力改變。

　　所以啊，人生在世，就放開襟懷吧，自由自在，盡情享受活著的快樂，想喝酒，就喝酒，倒滿酒杯吧，不要讓大好金樽空對明月。擔心什麼？老天生我，給我本事，一定會讓我好好發揮，不會讓我白過一場，千金散盡了，也還會再回來。那麼我們就來樂一樂吧，大頭牛，大隻羊，都

牽來宰宰燒了吃，喝酒也要喝他個三百杯才過癮！

　　聽那酒歌如此痛快，兩位朋友都入神著迷愣住了，李白一笑把他們喚醒。喂，好朋友，喝啊喝啊，仔細聽我再為你們唱一曲。

　　李白唱道，對一個飲者來說，鐘鼓奏樂的耳福和山珍海味的口福這等富貴享受，都不算什麼，倒寧可永遠醉倒不醒還比較好。在飲者看來，自古以來，聖人賢者都是寂寞一生，枯淡可悲，倒是飲者留下了善飲美名，值得欣慰。

　　看那三國時候的大飲者陳王曹植，在平樂觀大開酒席宴賓客，斗酒萬金，盡情歡樂，多麼暢快！

　　說來說去說到主人家，幹嘛小氣說沒錢？唉呀呀儘管去買酒來讓我們相對共飲吧。李白最後又大剌剌地遊說：主人你不是有那毛色斑斕的五花名馬和價值千金的上好皮裘嗎？叫你家童帶出去換美酒回來就是了，這樣我就可以和你在痛飲美酒間，一起消解掉那千年萬古的大悲愁。

原典

宣州謝朓樓
餞別校書叔雲

棄我去者，

昨日之日不可留。

亂我心者，

今日之日多煩憂。

長風萬里送秋雁，

對此可以酣[1]高樓。

1. 酣：醉飲

蓬萊文章建安骨，中間小謝[2]又清發。
俱懷逸興[3]壯思飛，欲上青天攬[4]明月。
抽刀斷水水更流，舉杯消愁[5]愁更愁。
人生在世不稱意[6]，明朝[7]散髮[8]弄扁舟[9]。

2. 小謝：謝朓
3. 逸興：超然的興致思想
4. 攬：拉到身邊來
5. 消愁：消除愁緒
6. 稱意：滿意

7. 明朝：明日
8. 散髮：披髮
9. 扁舟：小船

換個方式讀讀看

　　李白離開長安已近十年。他漫遊到位於今天安徽的宣州，遇見同族的叔父李雲，李雲當時在京城為官，是專職整理校對典籍的校書郎。由於李雲要離開宣州，李白特別在謝朓樓為他餞別。謝朓樓據說是從前南朝的宣城太守謝朓所建，謝朓是李白最為傾慕的詩人。

　　李白登上謝朓樓，邊與李雲舉杯對飲，邊眺望山水如畫，但覺昨日、今日紛由眼底下飛過，不覺脫口吟詩：棄我遠去的，是昨日，留不住的昨日。擾亂我心的，是今日，多煩憂的今日。

　　很多人都會有李白這種時光蒼茫的感覺，很多人也都寫過這種感覺，唯有李白寫得與眾不同。明明寫的是煩惱，讀起來卻很痛快。

　　接著這一層深刻又豐富的詩意，李白順手一揮，寫出了這是什麼時間，這是什麼地點。秋天，高樓上，長風萬里，送秋雁南飛，也送人遠行。還有，高樓上的人在放懷暢飲。

一面暢飲，李白趁著酒興，在謝朓樓上大力讚頌南朝詩人謝朓，說他的文章寫得好，知識涵養又很豐富，其實李白也想藉機暗指自己的詩歌，有漢末到魏初那段時間建安體的清健風骨。唉呀這小謝啊，下筆真是清新又飄逸，俊秀又獨特。緊接著，李白筆鋒一轉，他稱許李雲和謝朓一樣，有清揚的詩意，有飛騰的思想，那作風，簡直就像是要飛上青天去攬抱明月。

然而，李白的詩筆在意興昂揚的乘風高飛之後，又落回到現實。現實，這要怎麼面對？抽刀斷水吧，舉杯消愁吧。當然，時光之流是砍不斷的，人生之愁是消不去的。

那麼，這麼辦吧，既然人生在世這大半生不如意，乾脆明天就拋開所有不如意，不管禮俗，一切鬆綁，披散下頭髮，搭一艘小船，江湖悠遊去吧。

原典

把酒問月

青天有月來幾時？

我今停杯一問之。

人攀[1]明月不可得，

月行卻與人相隨。

皎[2]如飛鏡臨丹闕[3]，

綠煙滅盡清輝[4]發[5]。

1.攀：捉住
2.皎：皎潔
3.丹闕：紅色的宮門
4.清輝：明亮的光輝
5.發：煥發、映照

但見宵[6]從海上來，寧知曉[7]向雲間沒[8]。

白兔搗藥秋復春，嫦娥孤棲[9]與誰鄰？

今人不見古時月，今月曾經照古人。

古人今人若流水，共看明月皆如此。

唯願當歌對酒時，月光長照金樽[10]裡。

6. 宵：夜晚
7. 曉：清晨
8. 沒：隱沒，消失
9. 棲：居住
10. 金樽：金杯

65

換個方式讀讀看

　　這首詩是從一個問題開始。李白在詩題下簡單說明他的一位老友要他代問一個問題，他就這樣問了：

　　青天上的月亮啊，你是哪時候來的？月亮可能本來在別的地方，後來不知道經歷了什麼事情，才來到了我們抬頭看見的這片青天。

　　接下來提到的月亮，好像是活生生的，有感應，月是會行會走會跟著人的。

　　李白神遊天上，幻想著太空旅行可不可能。可惜啊，人攀不上月亮！李白只能很遺憾地說太空旅行不可能，我們只能看見月亮高高地在天上隨著我們走。

　　月亮像一面皎潔的明鏡，緩緩飛臨地上紅色的宮闕，當遮掩的暮靄慢慢散盡時，清澄柔和的光輝就照向人間。只見它晚上從海面上升起，稍不注意時，早晨它又悄悄在雲霧間隱沒了。

　　這麼美妙的月亮上面，到底住著誰呢？是傳說中一年又一年忙著搗藥

不得閒的白兔？還是那孤身一人的寂寞嫦娥？鄰近有誰與她相伴呢？因為不能攀月，只好猜想。

　　看著天上月亮，想著朋友的問題，不禁神思迷惘起來。古時候的月亮和現在此時的月亮，都是同一個月亮，這個月亮照過古人，也照著今人，但是今人卻只能見到此時的月亮，而見不到古時候的月亮。畢竟，人沒有辦法穿越時空，旅行到過去。

　　雖然人生在世受到種種限制，但是，古人、今人一個一個相接續，如同不斷絕的流水，更替著穿行過由過去到現在的時間之流，都像你我今晚這樣看到了永恆不變的月亮。

　　這樣想著，一切都豁然開朗了，不再拘泥於古與今。只希望在我們放聲高歌，暢飲美酒的時候，月光能夠永遠照著酒杯裡面的酒波。只希望人長久，月長久。

當李白的朋友

友直、友諒、友多聞，是先人告訴我們尋找朋友的三大準則。就是說，交朋友時，要觀察這個人是否為人坦率正直、真誠，而且博學多聞。

「接近」李白，我們發現這個一千多年前的古人，不僅符合傳統的「益友」條件，還有更多獨樹一格的個性，是現代人嚮往的典範。

李白蔑視權貴，敢言別人不敢言的話，又好自由，這些都可以從相關的傳說和詩作中，窺出一二。以現代人的眼光來看，李白如果不是當官，很可能會是行走街頭的好鬥分子。作為他的朋友，可能得常常去警察局或遊民收容所保他出來。還有，可能也得常常借錢接濟他。但是，想想這樣有個性、不拘小節的行為背後，為的是實踐自我，而非逞強好勝；加上想像力豐富、才華橫溢的才能，和他一樣身為才子的朋友杜甫都讚嘆李白「筆落驚風雨，詩成泣鬼神」。在這個講求自我表現、強調做自己的時代，讓人怎能不心儀？怎能不接近？所以我們就是需要李白！

和李白做朋友，你不必擔心必須陪他喝酒。你可以遠遠看他，醉酒之後，一揮而就的動人詩篇；或者欣賞他，醉得邀月舉杯，翩翩起舞。而當你心中有話不吐不快，卻又畏縮、怯弱時，他會給你支持和鼓勵。

李白有一佳句「黃河之水天上來」，讀他的詩，想見他的人，我們要說：李白，你也是天上來的！

我是大導演

看完了李白的故事之後，
現在換你當導演。
請利用紅圈裡面的主題（酒），
參考白圈裡的例子（例如：宴會），
發揮你的聯想力，
在剩下的三個白圈中填入相關的詞語，
並利用這些詞語畫出一幅圖。

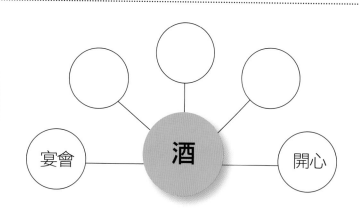

經典
少年遊

youth.classicsnow.net

◎ 少年是人生開始的階段。因此，少年也是人生最適合閱讀經典的時候。

因為，這個時候讀經典，可以為將來的人生旅程準備豐厚的資糧。

因為，這個時候讀經典，可以用輕鬆的心情探索其中壯麗的天地。

◎【經典少年遊】，每一種書，都包括兩個部分：「繪本」和「讀本」。

繪本在前，是感性的、圖像的，透過動人的故事，來描述這本經典最核心的精神。

小學低年級的孩子，自己就可以閱讀。

讀本在後，是理性的、文字的，透過對原典的分析與說明，讓讀者掌握這本經典最珍貴的知識。

小學生可以自己閱讀，或者，也適合由家長陪讀，提供輔助說明。

001 詩經　最早的歌
Book of Odes:The Earliest Collection of Songs

原著／無名氏　原典改寫／唐香燕　故事／比方　繪圖／AU

聽！誰在唱著歌？「關關雎鳩，在河之洲，窈窕淑女，君子好逑。」這是兩千多年前的人民，他們辛苦工作、努力生活，把喜怒哀樂都唱進歌裡頭，也唱成了《詩經》。這是遙遠從前的人們，為自己所唱的歌。

002 屈原　不媚俗的楚大夫
Ch'ü Yüan:The Noble Liegeman

原著／屈原　原典改寫／詹凱婷　故事／張瑜婷　繪圖／灰色獸

如果說真話會被討厭、還會被降職，誰還願意說出內心話？屈原卻仍然說著：「是的，我願意。」屈原的認真固執，讓他被流放到遠方。他只能把自己的真心話寫成《楚辭》，表達心中的苦悶和難過。

003 古詩十九首　亂世的悲歡離合
Nineteen Ancient Poems:Poetry in Wartime

原著／無名氏　原典改寫／康逸藍　故事／張瑜珊　繪圖／吳孟芸

蕭統喜歡文學，喜歡蒐集優美的作品。這些作品是「古詩十九首」，不知道作者是誰，也無法確定究竟來自於何時。當蕭統遇見「古詩十九首」，他看見離別的人，看見思念的人，還看見等待的人。

004 樂府詩集　說故事的民歌手
Yuefu Poetry:Tales that Sing

編者／郭茂倩　原典改寫／劉湘湄　故事／比方　繪圖／菌先生

《樂府詩集》是古老的民歌，唱著花木蘭代父從軍的勇敢，唱出了採蓮遊玩的好時光。如果不是郭茂倩四處蒐集，將五千多首詩整理成一百卷，我們今天怎麼有機會感受到這些民歌背後每一則動人的故事？

005 陶淵明　田園詩人
T'ao Yüan-ming:The Pastoral Poet

原著／陶淵明　原典改寫／唐香燕　故事／鄧芳喬　繪圖／黃雅玲

陶淵明不喜歡當官，不想為五斗米折腰。他最喜歡的生活就是早上出門耕作，空閒的時候看書寫詩，跟朋友喝點酒，開心就大睡一場。閱讀陶淵明的詩，我們也能一同享受關於他的，最美好的生活。

006 李白　長安有個醉詩仙
Li Po:The Drunken Poet

原著／李白　原典改寫／唐香燕　故事／比方　繪圖／謝祖華

要怎麼稱呼李白？是詩仙，還是酒仙？是浪漫的劍客，還是頑皮的大孩子？寫詩是他最出眾的才華，酒與月亮是他的最愛。李白總說著「人生得意須盡歡」，還說「欲上青天攬明月」，那就是他的任性、浪漫與自由。

007 杜甫　憂國的詩聖
Tu Fu:The Poet Sage

原著／杜甫　原典改寫／周姚萍　故事／鄧芳喬　繪圖／王若齊

為什麼詩人杜甫這麼不開心？因為當時的唐朝漸漸破敗，又是戰爭，又是饑荒，杜甫看著百姓失去親人，流離失所。他像是來自唐朝的記者，為我們報導了太平時代之後的動亂，我們看見了小老百姓的真實生活。

008 柳宗元　曠野寄情的旅行者
Liu Tsung-yüan:The Travelling Poet

原著／柳宗元　原典改寫／岑澎維　故事／張瑜珊　繪圖／陳尚仁

柳宗元年輕的時候就擁有好多夢想，等待實現。幾年之後，他卻被貶到遙遠的南方。他很失落，卻沒有失去對生活的希望。他走進永州的山水，聽樹林間的鳥叫聲，看湖面上的落雪，記錄南方的風景和生活。

◎ 【經典少年遊】，我們先出版一百種中國經典，共分八個主題系列：

詩詞曲、思想與哲學、小說與故事、人物傳記、歷史、探險與地理、生活與素養、科技。

每一個主題系列，都按時間順序來選擇代表性的經典書種。

◎ 每一個主題系列，我們都邀請相關的專家學者擔任編輯顧問，提供從選題到內容的建議與指導。

我們希望：孩子讀完一個系列，可以掌握這個主題的完整體系。讀完八個不同主題的系列，

可以不但對中國文化有多面向的認識，更可以體會跨界閱讀的樂趣，享受知識跨界激盪的樂趣。

◎ 如果說，歷史累積下來的經典形成了壯麗的山河，那麼【經典少年遊】就是希望我們每個人

都趁著年少，探索四面八方，拓展眼界，體會山河之美，建構自己的知識體系。

少年需要遊經典。

經典需要少年遊。

009 李商隱　情聖詩人
Li Shang-yin:Poet of Love

原著／李商隱　原典改寫／唐香燕　故事／張瓊文　繪圖／馬樂原

「春蠶到死絲方盡，蠟炬成灰淚始乾。」這是李商隱最出名的情詩。他在山上遇見一個美麗宮女，不僅為她寫詩，還用最溫柔的文字說出他的想念。雖然無法在一起，可是他的詩已經成為最美麗的信物。

010 李後主　思鄉的皇帝
Li Yü:Emperor in Exile

原著／李煜　原典改寫／劉思源　故事／比方　繪圖／查理宛豬

李後主是最有才華的皇帝，也是命運悲慘的皇帝。他的天真善良，讓他當不成一個好君主，卻成為我們心中最溫柔善感的詞人，也總是讓我們跟著他嘆息：「問君能有幾多愁，恰似一江春水向東流。」

011 蘇軾　曠達的文豪
Su Shih:The Incorrigible Optimist

原著／蘇軾　原典改寫／劉思源　故事／張瑜珊　繪圖／桑德

誰能精通書畫，寫詩詞又寫散文？誰不怕挫折，幽默頑皮面對每一次困境？他就是蘇軾。透過他的作品，我們看到的不僅是身為「唐宋八大家」的出色文采，更令人驚嘆的是他處處皆驚喜與享受的生活態度。

012 李清照　中國第一女詞人
Li Ch'ing-chao:The Preeminent Poetess of China

原著／李清照　原典改寫／劉思源　故事／鄧芳喬　繪圖／蘇力卡

李清照與丈夫趙明誠雖然不太富有，卻用盡所有的錢搜集古字畫，帶回家細品味。只是戰爭發生，丈夫過世，李清照像落葉一樣飄零，所有的難過，都只能化成文字，寫下一句「簾捲西風，人比黃花瘦」。

013 辛棄疾　豪放的英雄詞人
Hsin Ch'i-chi:The Passionate Patriot

原著／辛棄疾　原典改寫／岑澎維　故事／張瓊珊　繪圖／陳柏龍

辛棄疾，宋代的愛國詞人。收回被金人佔去的領土，是他的夢想。他把這個夢想寫進詞裡，成為豪放派詞人的代表。看他的故事，我們可以感受「氣吞萬里如虎」的氣勢，也能體會「卻道天涼好箇秋」的自得。

014 姜夔　愛詠梅的音樂家
Jiang K'uei:Plum Blossom Musician

原著／姜夔　原典改寫／嚴淑女　故事／張瓊文　繪圖／57

姜夔是南宋詞人，同時也是音樂家，不僅自己譜曲，還留下古代的樂譜，將古老的旋律流傳到後世。他的文字優雅，正如同他敏感細膩的心思。他的創作，讓我們理解了萬物的有情和奧妙。

015 馬致遠　歸隱的曲狀元
Ma Chih-yüan:The Carefree Playwright

原著／馬致遠　原典改寫／岑澎維　故事／張瓊文　繪圖／簡漢平

「枯藤老樹昏鴉，小橋流水平沙」，是元曲家馬致遠最出名的作品，他被推崇為「曲狀元」。由於仕途不順，辭官回家。這樣曠達的思想，讓馬致遠的作品展現豪氣，被推崇為元代散曲「豪放派」的代表。

經典 ○
少年遊

youth.classicsnow.net

006
李白 長安有個醉詩仙
Li Po
The Drunken Poet

編輯顧問（姓名筆劃序）
王安憶　王汎森　江曉原　李歐梵　郝譽翔　陳平原
張隆溪　張臨生　葉嘉瑩　葛兆光　葛劍雄　鄭培凱

原著：李白
原典改寫：唐香燕
故事：比方
封面繪圖：謝祖華　林家棟
內頁繪圖：謝祖華

主編：冼懿穎
編輯：張瑜珊　張瓊文　鄧芳喬
美術設計：張士勇　倪孟慧
校對：呂佳真

企畫：網路與書股份有限公司
出版者：大塊文化出版股份有限公司
台北市105022南京東路四段25號11樓
www.locuspublishing.com
讀者服務專線：0800-006689
TEL：+886-2-87123898
FAX：+886-2-87123897
郵撥帳號：18955675
戶名：大塊文化出版股份有限公司
法律顧問：董安丹律師、顧慕堯律師

總經銷：大和書報圖書股份有限公司
地址：新北市新莊區五工五路2號
TEL：+886-2-8990-2588
FAX：+886-2-2290-1658
製版：瑞豐實業股份有限公司

初版一刷：2012年9月
初版二刷：2021年6月
定價：新台幣299元

ISBN：978-986-213-293-7